한글은 내친구 ③

생각하는 동화	4
가~기 익히기	6
나~니 익히기	18
다~디 익히기	29
라~리 익히기	41
마~미 익히기	53
바~비 익히기	64
사~시 익히기	76
아~이 익히기	87

이렇게 지도해 주세요.

아이와 대화하는 부모가 되어주세요.

아이의 두뇌성장을 돕는 환경적 자극 중에서 부모와의 대화에서 얻어지는 언어자극은 아이의 두뇌성장에 큰 역할을 합니다.
엄마와 매일 대화하는 아이가 그렇지 않은 아이에 비해 언어구사력이 뛰어난 것은 바로 이러한 사실을 뒷받침 해주는 증거입니다. 아이는 엄마와의 대화를 통해서 또래와의관계에서는 얻기 힘든 새롭고 다양한 낱말을 배우게 됩니다. 그렇기 때문에 부모와 함께하는 언어활동은 아이에게 그 어떤 자극보다 중요한 교육이 될 수 있습니다.

아이의 끊임없는 질문에 성실하게 대답해 주세요.

아이가 부모와 대화를 통해 언어활동을 시작하면서 유치원, 어린이집 등에서 만난 또래친구들과도 어울리며 수많은 질문과 궁금증을 갖게 됩니다. 그러면서 질문을 반복해서 하게 되는데, 이때 아이의 반복된 질문에 부모가 늘 성실하게 대답해 주고 칭찬을 아끼지 않는다면 그 학습효과는 보다 효과적으로 발휘될 것입니다.

좋은 교재로 학습에 대한 호기심을 자극해 주세요.

학습을 처음 시작한 아이에게 좋은 교재는 학습에 대한 새로운 호기심을 자극할 수 있는 좋은 친구입니다. 또한 아이의 학습욕구를 자극하기 위해서는 교재를 먼저 보여주고 빨리 하고 싶다는 생각을 끌어주는 것도 하나의 방법입니다. 예를 들면 스티커나, 색칠하기, 오리기, 접기 등의 교재를 보면서 아이가 가위질과 크레용을 사용하여 색칠하고, 스티커를 떼서 붙이는 활동에 흥미를 느끼게 되는 것입니다.

생각이 커지는 내친구 한글 시리즈

〈한글은 내친구〉는 한글을 배우기 시작하는 만3세 영아 과정부터 7세까지 제 7차 교육과정을 바탕으로 한 교과서 중심의 한글학습교재로 전 8권으로 구성되어있습니다.

본 교재는 아이가 쉽게 알고 인지할 수 있도록 사진, 그림, 스티커 붙이기, 색칠하기 등으로 다양하게 엮었으며, 생각을 키워주는 '생각하는 동화'를 통한 인성교육도 세심하게 다루었습니다.

1권에서 8권까지의 전 과정은 영아부터 초등학교 입학 전 아동이 반드시 배워야 할 학습 내용이 빠짐없이 탄탄하게 구성되어 있어, 한글을 배우기 시작하는 단계에서부터 문장 쓰기까지의 모든 과정을 완벽하게 마스터 할 수 있는 창의학습 프로그램입니다.

한글은 내친구 구성과 특징

1단계
여러 가지 선 긋기와 색칠하기, 스티커 붙이기를 통한 놀이 학습, 자음(닿소리)과 모음(홀소리) 배우기로 구성하였습니다.

2단계
생각하는 동화와 닿소리-홀소리의 복습, 가~허, 거~허를 그림과 함께 익히고 쓸 수 있게 구성하였습니다.

3단계
자음(닿소리)과 모음(홀소리)의 합성 형태를 낱말을 통해 익히고 읽고 쓸 수 있도록 구성하였습니다.

4단계
자음(닿소리)과 모음(홀소리)의 합성 낱말과 겹닿소리 익히기를 구성 하였습니다.

5단계
여러 가지 기관에서 하는 일과 받침이 있는 글자를 학습하도록 구성하였습니다.

6단계
겹받침과 단위를 나타내는 말, 서수, 감정을 나타내는 말을 학습하도록 구성하였습니다.

7단계
같은 말 다른 뜻(동음이의어), 소리를 표현하는 말을 학습하고 받아쓰기 등의 심화학습을 할 수 있도록 구성하였습니다.

8단계 우리들은 1학년
예비초등단계로 초등학교 입학 전 아동을 위해 초등학교 1학년 교과내용을 중심으로 하였으며 1권에서 7권을 마무리하는 단계로 구성하였습니다.

유치원 교육 과정에 따른
8단계 교육 프로그램

여우와 신포도

배고픈 여우는 포도를 먹기 위해 주인 몰래 포도밭으로 갔어요. 겨우 포도밭으로 들어간 여우는 나무에 메달려 있는 포도를 보며 군침을 삼켰어요. 달콤한 향이 진동을 하는 포도 송이가 바로 머리위에 있었으니 말이예요. '자, 어디 한 번 먹어볼까?' 여우가 포도를 따려고 팔을 쭉 뻗었어요.

여우가 껑충껑충 뛰며 포도를 따려고 해도 닿을듯, 말듯 하면서 손이 포도에 닿지 않았어요.
그렇게 얼마나 지났을까요? 여우는 지쳐서 포도를 쳐다보며 말했어요.
" 포도가 아직 익지도 않았잖아. 먹어봤자 아주 셔서 맛도 없겠지."
그리고는 자기집으로 가 버렸어요.

◎ 여우는 왜 포도가 덜 익은 신포도라고 말하면서 집으로 갔을까요?

'가~기' 익히기

날짜: 월 일

🎲 소리내어 읽으면서 바르게 써 보세요.

가	가	가	가	가	가

거	거	거	거	거	거

고	고	고	고	고	고

구	구	구	구	구	구

그	그	그	그	그	그

기	기	기	기	기	기

날짜 : 월 일

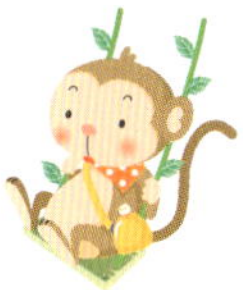

'가~기' 익히기

매우잘함 잘함 보통

동물들이 생각하고 있는 낱말을 읽고, 낱말에 들어 있는 글자를 찾아 ○해 보세요.

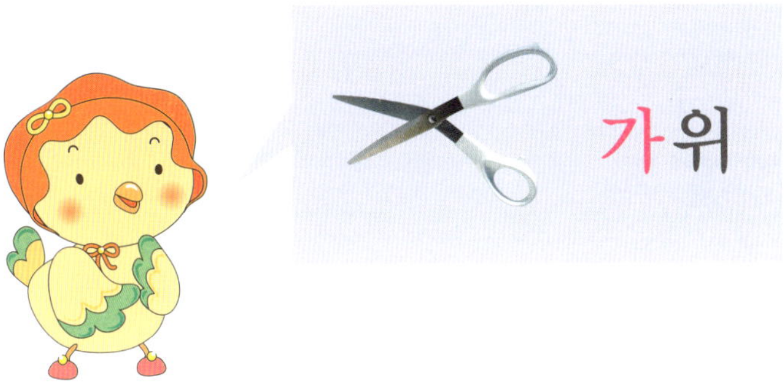
가위

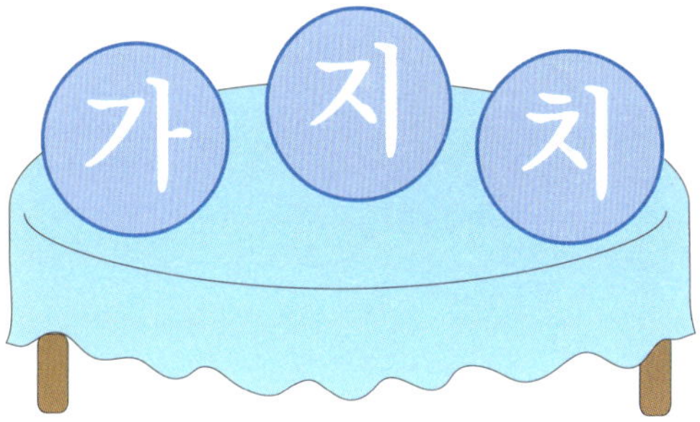
가
지
치

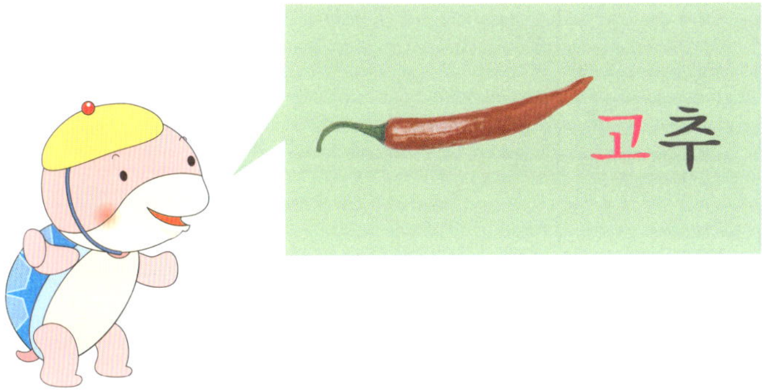
고추

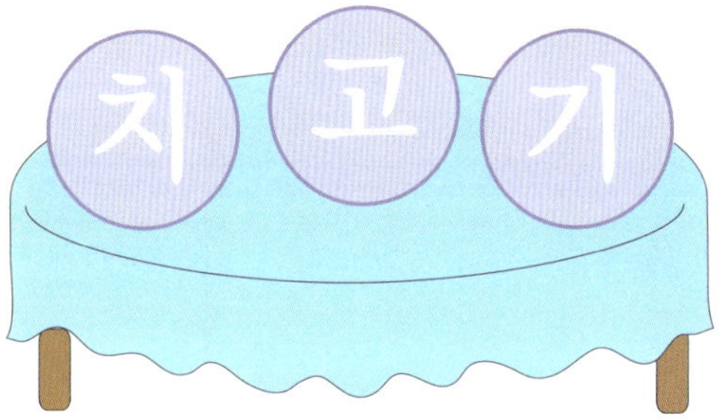
치
고
기

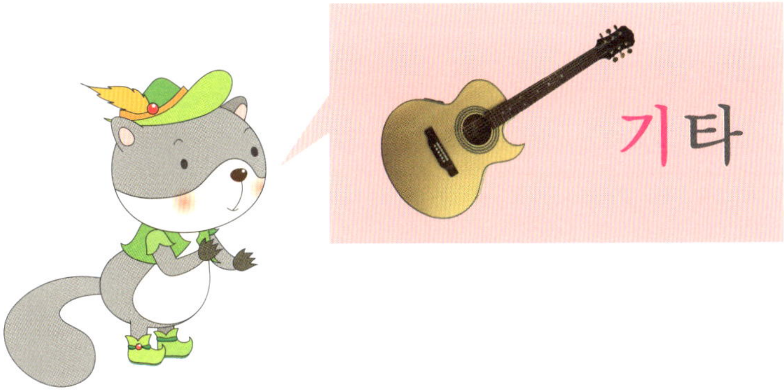
기타

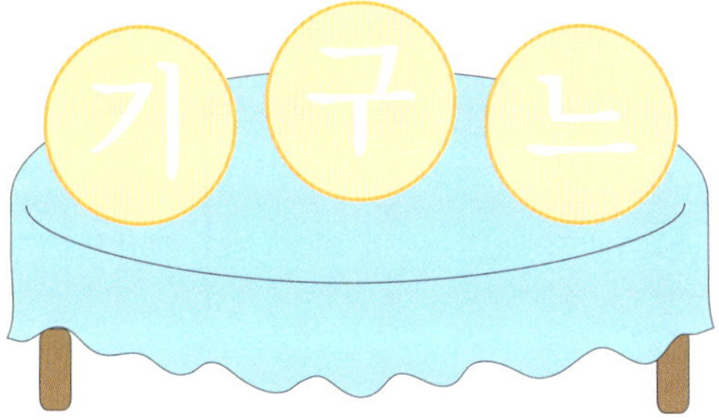
기
구
느

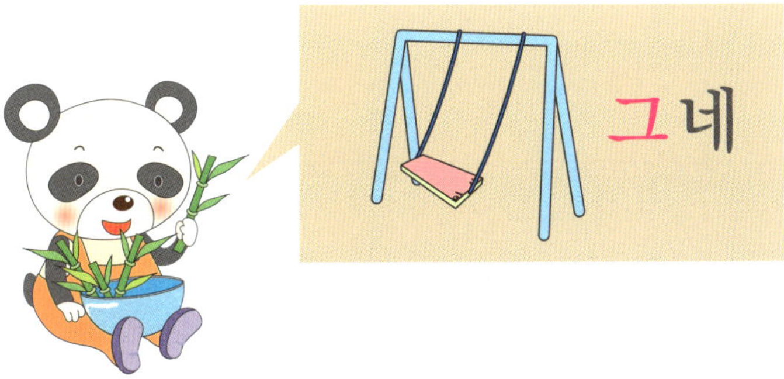
그네

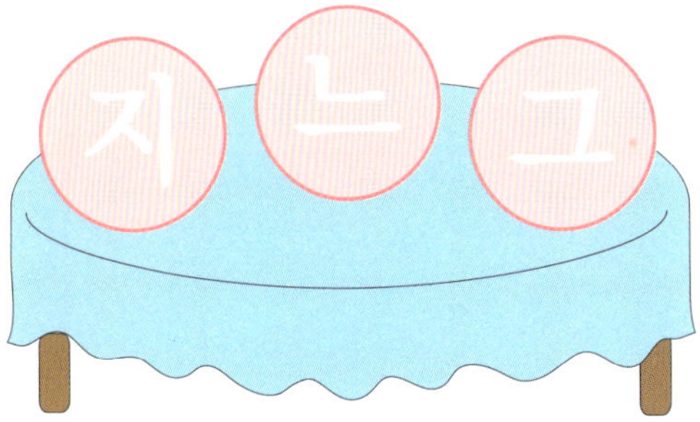
지
느
그

날짜: 월 일

'가' 낱말 익히기

🎲 그림과 함께 낱말을 읽고, 바르게 써 보세요.

 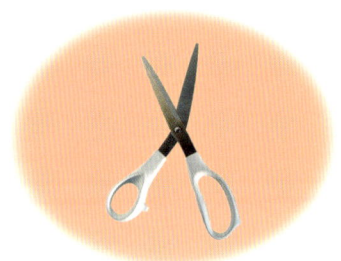 

가	지		가	위		가	수
가	지		가	위		가	수
가	지		가	위		가	수
가	지		가	위		가	수

날짜: 월   일

'거' 낱말 익히기

매우잘함 잘함 보통

🎲 그림과 함께 낱말을 읽고, 바르게 써 보세요.

거	위		거	미		거	리
거	위		거	미		거	리
거	위		거	미		거	리
거	위		거	미		거	리

날짜 :   월   일

'고' 낱말 익히기

🎲 그림과 함께 낱말을 읽고, 바르게 써 보세요.

고	기

고	래

고	추

'구' 낱말 익히기

🎲 그림과 함께 낱말을 읽고, 바르게 써 보세요.

구	두

야	구

지	구

날짜 :   월   일

'그' 낱말 익히기

매우잘함 잘함 보통

🎲 그림과 함께 낱말을 읽고, 바르게 써 보세요.

그	네
그	네
그	네
그	네

그	리	기
그	리	기
그	리	기
그	리	기

날짜: 월   일

'기' 낱말 익히기

그림과 함께 낱말을 읽고, 바르게 써 보세요.

기	차

기	러	기

날짜 :   월   일

'가~고' 낱말 다지기

매우잘함 잘함 보통

🎲 그림과 함께 낱말을 읽고, 바르게 써 보세요.

가	지

거	미

고	추

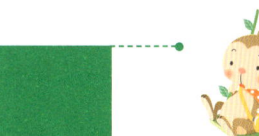

날짜 :   월   일

'구~기' 낱말 다지기

매우잘함 잘함 보통

🎲 그림과 함께 낱말을 읽고, 바르게 써 보세요.

구	두	그	네	기	차

날짜: 월 일

'가~기' 다지기

🎲 그림의 이름을 찾아 선으로 연결해 보세요.

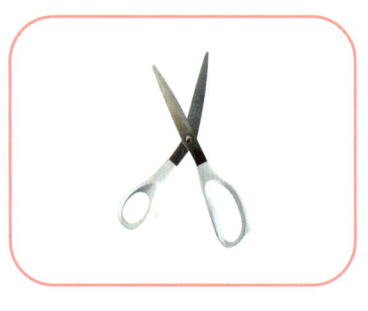  

  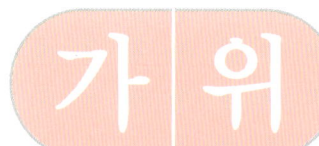

🎲 소리내어 읽으면서 바르게 써 보세요.

가	거	고	구	그	기
가	거	고	구	그	기

'가~기' 다지기

날짜 :   월   일

매우잘함 잘함 보통

🎲 그림의 이름 빈 곳에 들어가야할 낱자 스티커를 붙여 보세요.

두   차   네

지   미

🎲 두 그림의 이름에 똑같이 들어 있는 글자에 색칠해 보세요.

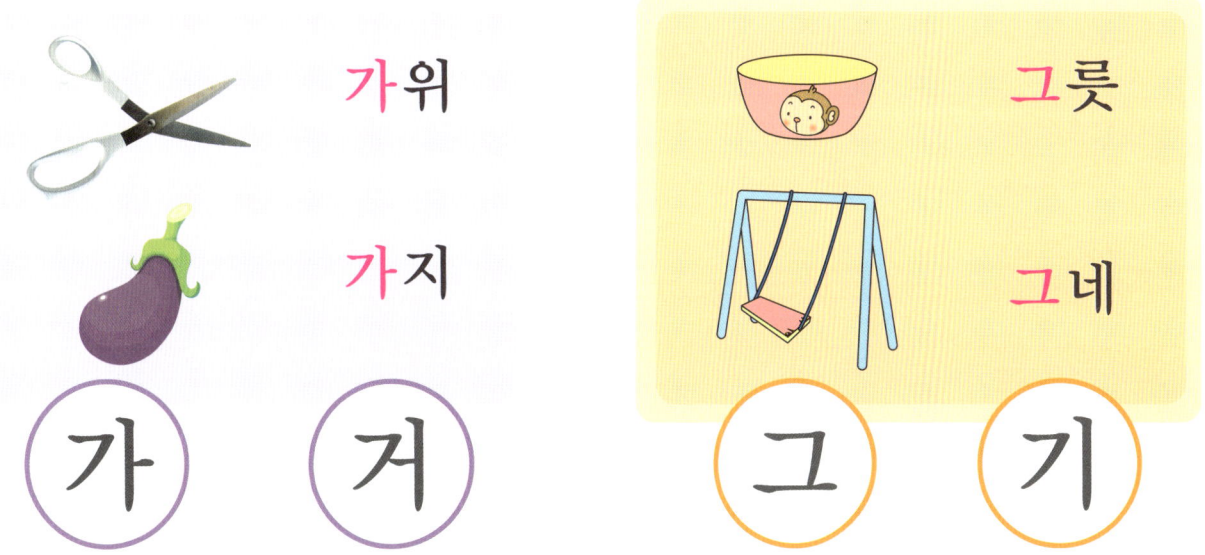

가위

가지

가   거

그릇

그네

그   기

'나~니' 익히기

날짜: 월   일

🎲 소리내어 읽으면서 바르게 써 보세요.

나	나	나	나	나	나
너	너	너	너	너	너
노	노	노	노	노	노
누	누	누	누	누	누
느	느	느	느	느	느
니	니	니	니	니	니

날짜 :   월   일

'나~니' 익히기

매우잘함 잘함 보통

🎲 보기와 같이 그림의 이름을 찾아 ◯하세요.

보기

느 ㉢누 비 ㉢에 | 기 ㉢비 아 ㉢누

너 구 느 리

느 가 타 리

주 기 머 니

어 머 아 니

날짜 :   월   일

'나' 낱말 익히기

매우잘함 잘함 보통

🎲 그림과 함께 낱말을 읽고, 바르게 써 보세요.

  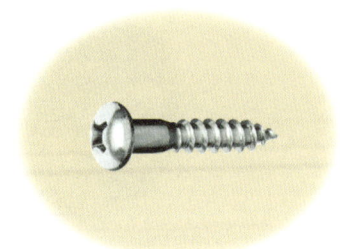

나	비	나	무	나	사
나	비	나	무	나	사
나	비	나	무	나	사
나	비	나	무	나	사

날짜: 월 일

'너' 낱말 익히기

매우잘함 잘함 보통

🎲 그림과 함께 낱말을 읽고, 바르게 써 보세요.

너	구	리

버	너

'노' 낱말 익히기

그림과 함께 낱말을 읽고, 바르게 써 보세요.

| 노 | 루 | 노 | 트 | 노 | 래 |

'누' 낱말 익히기

그림과 함께 낱말을 읽고, 바르게 써 보세요.

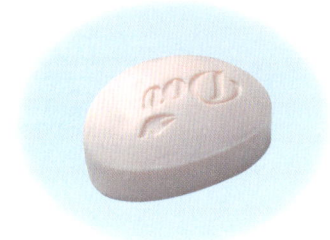

누	나

누	에

비	누

'느' 낱말 익히기

날짜 :   월   일

그림과 함께 낱말을 읽고, 바르게 써 보세요.

느	티	나	무

느	타	리

'ㄴㅣ' 낱말 익히기

그림과 함께 낱말을 읽고, 바르게 써 보세요.

어	머	니

날짜 :   월   일

'나~노' 낱말 다지기

🎲 그림과 함께 낱말을 읽고, 바르게 써 보세요.

나	무		버	너		노	래
나	무		버	너		노	래
나	무		버	너		노	래
나	무		버	너		노	래

날짜 :   월   일

'누~니' 낱말 다지기

🎲 그림과 함께 낱말을 읽고, 바르게 써 보세요.

누	에

느	티	나	무

날짜: 월   일

'나~니' 다지기

매우잘함 잘함 보통

🎲 그림의 이름 빈 곳에 알맞은 낱자를 찾아 연결해 보세요.

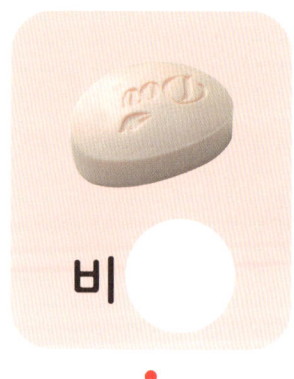 비 ○

 ○ 무

 ○ 루

 버 ○

노   누   너   나

🎲 소리내어 읽으면서 바르게 써 보세요.

나	너	노	누	느	니
나	너	노	누	느	니

날짜 :   월   일

'다~디' 익히기

매우잘함 잘함 보통

🎲 읽으면서 바르게 써 보세요.

다	다	다	다	다	다

더	더	더	더	더	더

도			도	도	도

두			두	두	두

드			드	드	드

디	디	디	디	디	디

3 단계

 날짜 : 월 일

'다~디' 익히기

🎲 그림의 이름을 찾아 줄로 잇고, 따라 써 보세요.

 • •

 • •

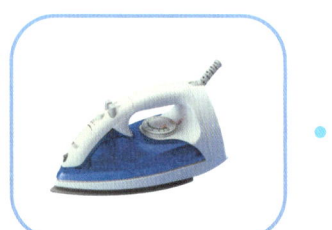 • •

 • •

 • • 두 더 지

날짜: 월 일

'다' 낱말 익히기

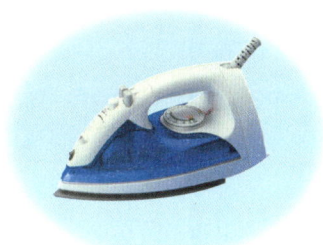

다	리	미

다	리

날짜 :   월   일

'더' 낱말 익히기

매우잘함 잘함 보통

 그림과 함께 낱말을 읽고, 바르게 써 보세요.

더	듬	이
더	듬	이
더	듬	이
더	듬	이

두	더	지
두	더	지
두	더	지
두	더	지

날짜: 월 일

'도' 낱말 익히기

그림과 함께 낱말을 읽고, 바르게 써 보세요.

도	토	리

도	자	기

3단계 33

날짜 :   월   일

'두' 낱말 익히기

매우잘함 잘함 보통

🎲 그림과 함께 낱말을 읽고, 바르게 써 보세요.

두	부

두	루	미

날짜: 월   일

'드' 낱말 익히기

🎲 그림과 함께 낱말을 읽고, 바르게 써 보세요.

드	레	스

카	드

'디' 낱말 익히기

그림과 함께 낱말을 읽고, 바르게 써 보세요.

라	디	오

오	디

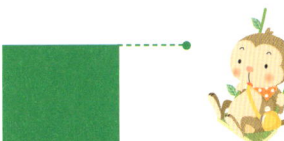

날짜: 월 일

'다~도' 낱말 다지기

🎲 그림과 함께 낱말을 읽고, 바르게 써 보세요.

| 다 | 리 | 더 | 위 | 도 | 마 |

날짜: 월   일

'두~디' 낱말 다지기

매우잘함 잘함 보통

그림과 함께 낱말을 읽고, 바르게 써 보세요.

| 두 | 부 | 카 | 드 | 오 | 디 |

'다~디' 다지기

🎲 그림의 이름 빈 곳에 알맞은 낱자 스티커를 붙여 보세요.

리 미

오

토 리

루 미

카

🎲 소리내어 읽으면서 바르게 써 보세요.

다	더	도	두	드	디

날짜 :　　월　　일

'다~디' 다지기

매우잘함　잘함　보통

🎲 그림의 이름을 찾아 선으로 연결해 보세요.

다리미　　도토리　　카드　　두더지

☆ 이름에 '두'가 들어 있는 그림을 찾아 ○ 해 보세요.

우표　　두루미　　야구

날짜 :   월   일

'라~리' 익히기

🎲 같은 모양끼리 점선을 그어 보세요.

라					
러					
로					
루					
르					
리					

'라~리' 익히기

🎲 라~리까지 순서대로 징검다리를 건너 집을 찾아가 보세요.

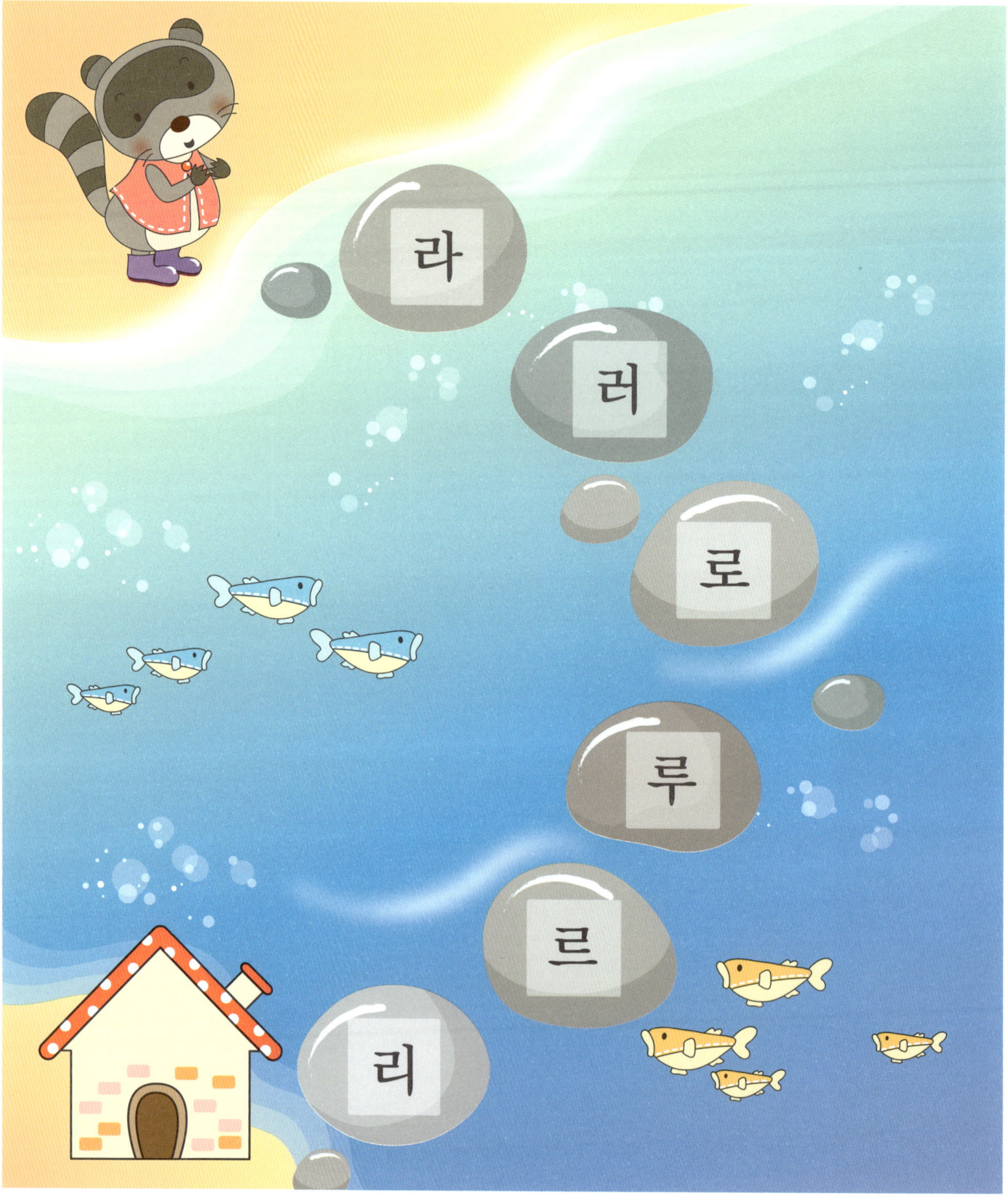

라 러 로 루 르 리

날짜 :   월   일

'라' 낱말 익히기

🎲 그림과 함께 낱말을 읽고, 바르게 써 보세요.

라	디	오
라	디	오
라	디	오
라	디	오

소	라
소	라
소	라
소	라

'러' 낱말 익히기

그림과 함께 낱말을 읽고, 바르게 써 보세요.

러	시	아

기	러	기

날짜 :   월   일

'로' 낱말 익히기

🎲 그림과 함께 낱말을 읽고, 바르게 써 보세요.

도	로

가	로	수

'루' 낱말 익히기

그림과 함께 낱말을 읽고, 바르게 써 보세요.

벼	루	머	루	노	루
벼	루	머	루	노	루
벼	루	머	루	노	루
벼	루	머	루	노	루

날짜 :   월   일

'르' 낱말 익히기

그림과 함께 낱말을 읽고, 바르게 써 보세요.

요	구	르	트

오	르	다

날짜 :   월   일

'리' 낱말 익히기

그림과 함께 낱말을 읽고, 바르게 써 보세요.

리어카

개구리

날짜 :   월   일

'라~로' 낱말 다지기

매우잘함 잘함 보통

🎲 그림과 함께 낱말을 읽고, 바르게 써 보세요.

라	디	오
라	디	오
라	디	오
라	디	오

기	러	기
기	러	기
기	러	기
기	러	기

'루~리' 낱말 다지기

날짜 :   월   일

매우잘함 잘함 보통

🎲 그림과 함께 낱말을 읽고, 바르게 써 보세요.

흐	르	다

리	어	카

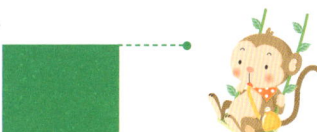

날짜 : 월 일

'라~리' 다지기

매우잘함 잘함 보통

그림의 이름 빈 곳에 알맞은 낱자를 찾아 ◯해 보세요.

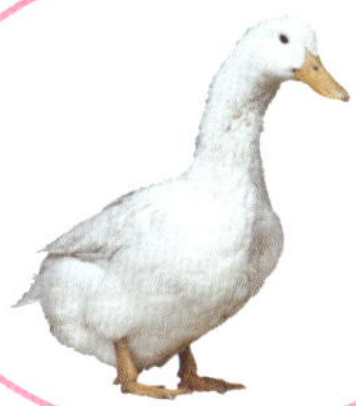

오 ☐ — 리 / 라

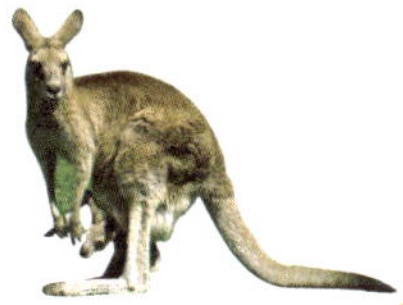

캥거 ☐ — 로 / 루

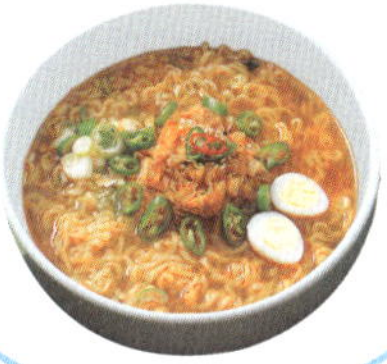

☐ 면 — 러 / 라

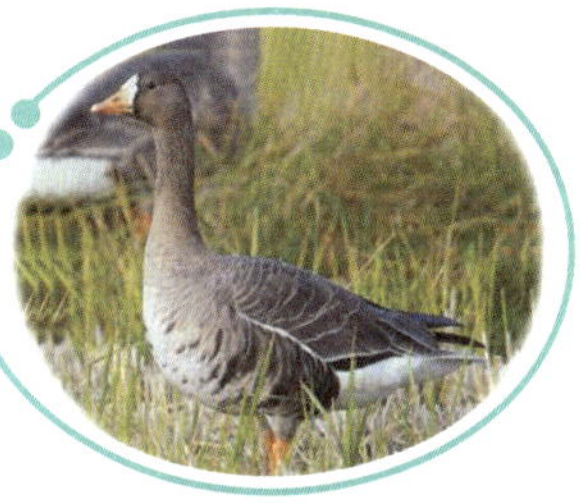

기 ☐ 기 — 러 / 라

소리내어 읽으면서 바르게 써 보세요.

라	러	로	루	르	리
라	러	로	루	르	리

'라~리' 다지기

날짜: 월 일

🎲 그림의 이름 빈 곳에 들어가는 글자를 모두 찾아 줄로 이어 보세요.

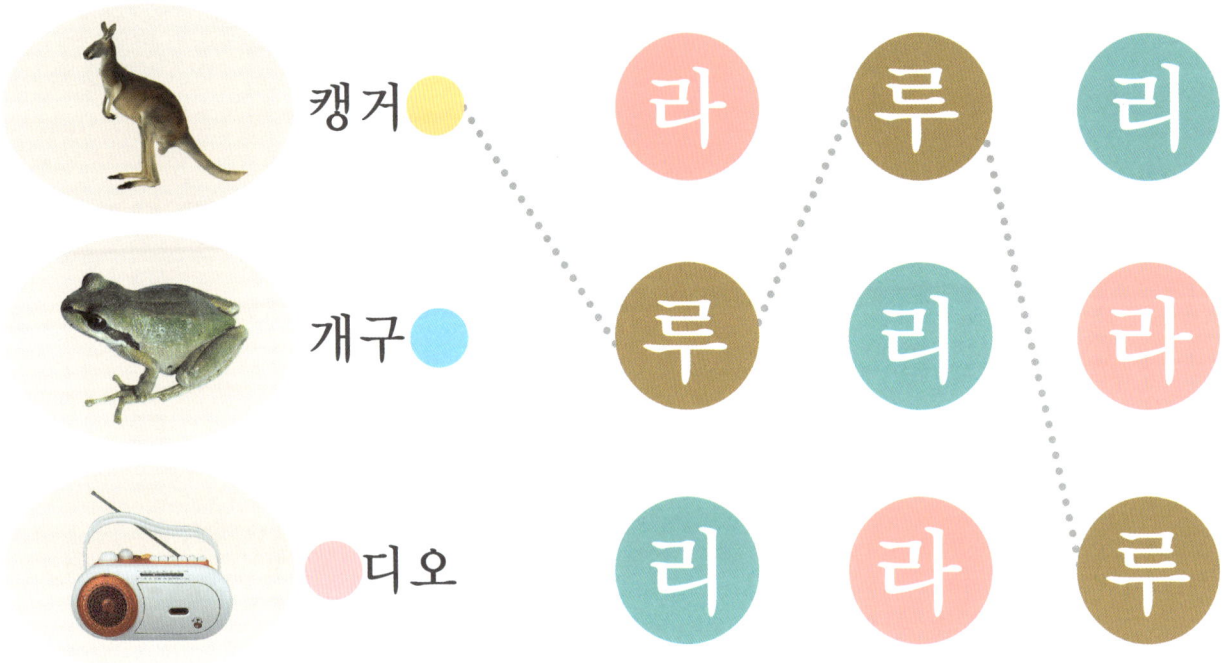

캥거
개구
디오

🎲 안의 글자가 들어 있는 그림에 이름 스티커를 붙이세요.

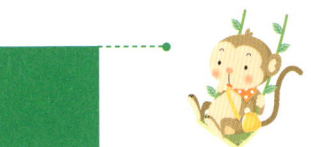

날짜 : 월 일

'마～미' 익히기

매우잘함 잘함 보통

소리내어 읽으면서 바르게 써 보세요.

마	마	마	마	마	마
머	머	머	머	머	머
모			모	모	모
무			무	무	무
므			므	므	므
미	미	미	미	미	미

'마~미' 익히기

날짜:　　월　　일

매우잘함　잘함　보통

🎲 그림의 나머지 반쪽을 찾아 줄로 잇고, 낱말을 연결해 보세요.

　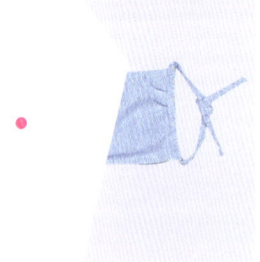　

　　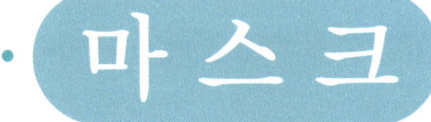

'마' 낱말 익히기

날짜 :   월   일

그림과 함께 낱말을 읽고, 바르게 써 보세요.

마	차

마	루

가	마

날짜:　월　일

'머' 낱말 익히기

🎲 그림과 함께 낱말을 읽고, 바르게 써 보세요.

머	루
머	루
머	루
머	루

머	리	띠
머	리	띠
머	리	띠
머	리	띠

날짜: 월   일

'모' 낱말 익히기

그림과 함께 낱말을 읽고, 바르게 써 보세요.

 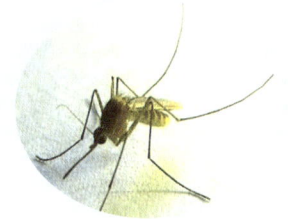 

모	자	모	기	모	래
모	자	모	기	모	래
모	자	모	기	모	래
모	자	모	기	모	래

날짜 :   월   일

'무' 낱말 익히기

그림과 함께 낱말을 읽고, 바르게 써 보세요.

무	지	개
무	지	개
무	지	개
무	지	개

고	무	신
고	무	신
고	무	신
고	무	신

날짜 :   월   일

'므' 낱말 익히기

🎲 그림과 함께 낱말을 읽고, 바르게 써 보세요.

오 므 라 이 스

날짜 :   월   일

'미' 낱말 익히기

그림과 함께 낱말을 읽고, 바르게 써 보세요.

미	나	리

매	미

날짜 :   월   일

'마~모' 낱말 다지기

그림과 함께 낱말을 읽고, 바르게 써 보세요.

마	차	머	리	모	자
마	차	머	리	모	자
마	차	머	리	모	자
마	차	머	리	모	자

'무~미' 낱말 다지기

날짜: 월 일

🎲 그림과 함께 낱말을 읽고, 바르게 써 보세요.

무	지	개
무	지	개
무	지	개
무	지	개

개	미
개	미
개	미
개	미

날짜: 월   일

'마~미' 다지기

🎲 ●안에 알맞은 낱자 스티커를 붙이고, 읽어 보세요.

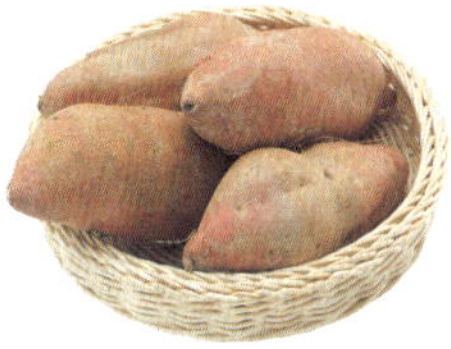

고구●

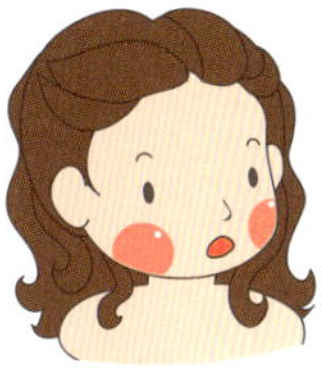

●리

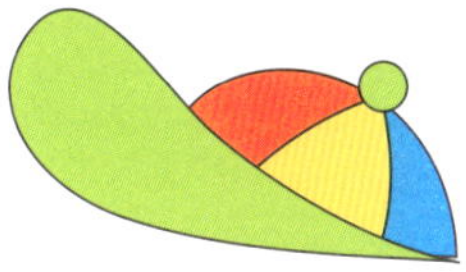

●자

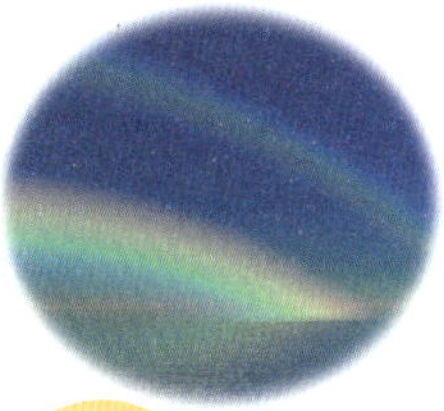

●지개

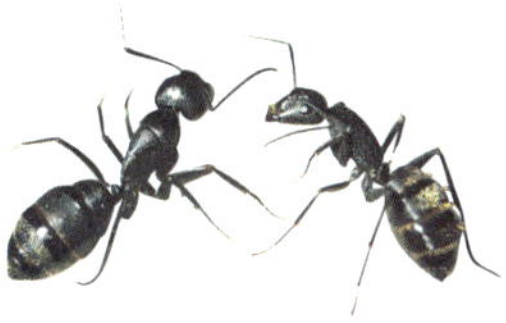

●개

🎲 소리내어 읽으면서 바르게 써 보세요.

마	머	모	무	므	미

날짜 :   월   일

'바~비' 익히기

🎲 소리내어 읽으면서 바르게 써 보세요.

바	바	바	바	바	바
버	버	버	버	버	버
보			보	보	보
부	부	부	부	부	부
브	브	브	브	브	브
비	비	비	비	비	비

날짜 :   월   일

'바~비' 익히기

🎲 어부 아저씨가 바다에서 고기를 잡아요. 그물에 걸린 물건의 바른 이름에 색칠해 보세요.

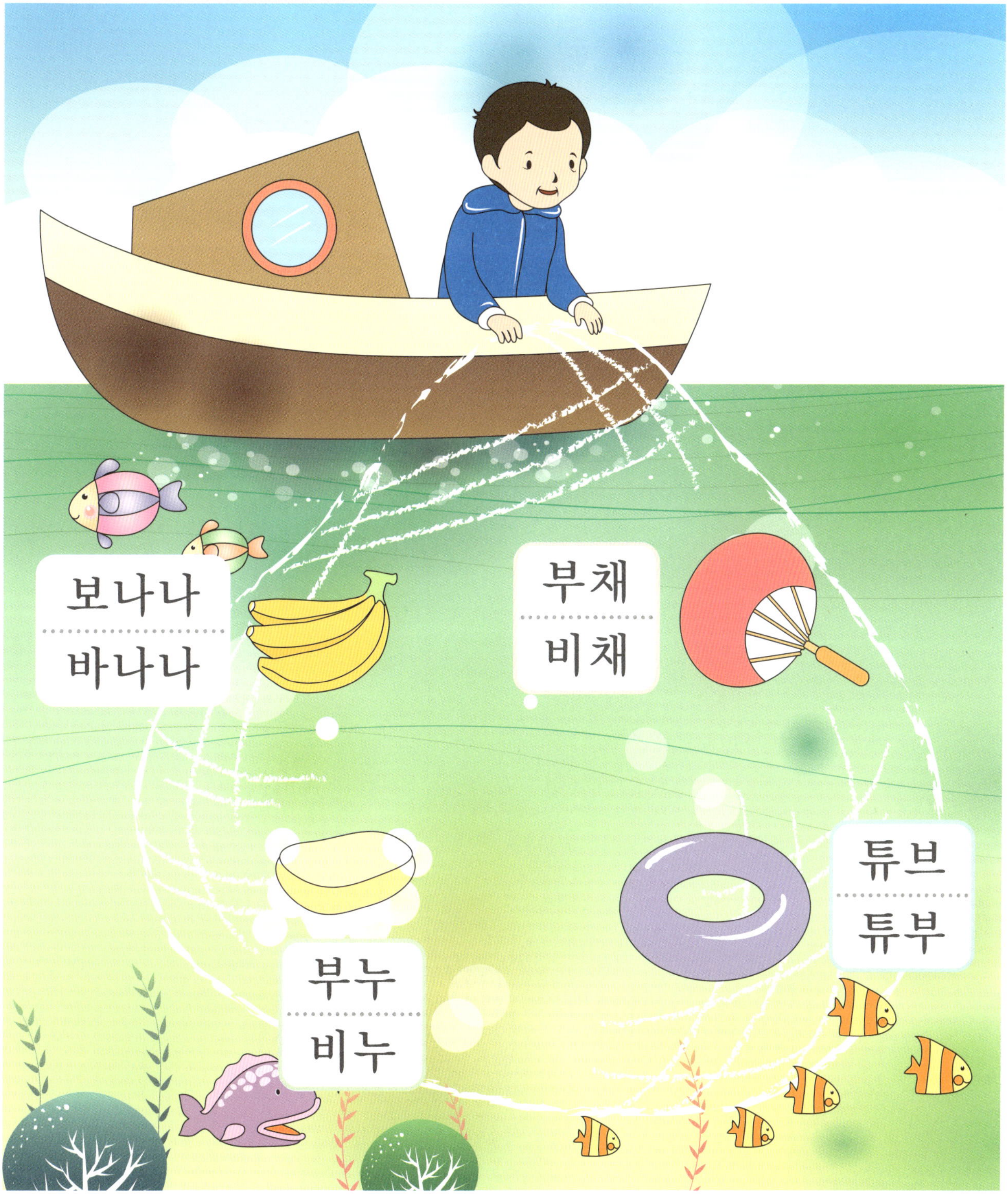

보나나 / 바나나

부채 / 비채

튜브 / 튜부

부누 / 비누

날짜 :   월   일

'바' 낱말 익히기

매우잘함 잘함 보통

🎲 그림과 함께 낱말을 읽고, 바르게 써 보세요.

바	구	니

바	나	나

'버' 낱말 익히기

날짜 :   월   일

그림과 함께 낱말을 읽고, 바르게 써 보세요.

| 버 | 스 | 버 | 터 | 버 | 너 |

날짜: 월 일

'보' 낱말 익히기

🎲 그림과 함께 낱말을 읽고, 바르게 써 보세요.

보	자	기
보	자	기
보	자	기
보	자	기

보	리
보	리
보	리
보	리

날짜 :   월   일

'부' 낱말 익히기

매우잘함 잘함 보통

🎲 그림과 함께 낱말을 읽고, 바르게 써 보세요.

부	채	어	부	부	츠

날짜: 월   일

'브' 낱말 익히기

🎲 그림과 함께 낱말을 읽고, 바르게 써 보세요.

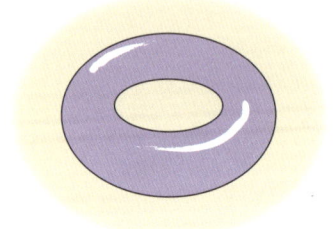

브	로	치
브	로	치
브	로	치
브	로	치

튜	브
튜	브
튜	브
튜	브

날짜: 월 일

'비' 낱말 익히기

그림과 함께 낱말을 읽고, 바르게 써 보세요.

비	둘	기

우	비

3 단계 71

날짜 :   월   일

'바~보' 낱말 다지기

🎲 그림과 함께 낱말을 읽고, 바르게 써 보세요.

바	지

버	스

보	리

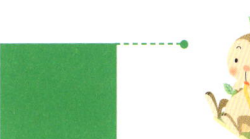

날짜 :   월   일

'부~비' 낱말 다지기

🎲 그림과 함께 낱말을 읽고, 바르게 써 보세요.

 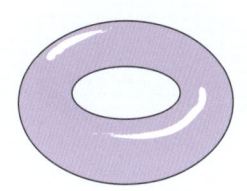 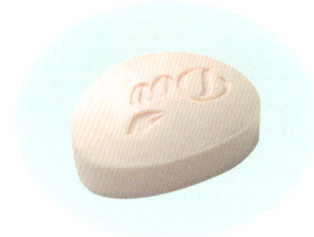

부	모	튜	브	비	누
부	모	튜	브	비	누
부	모	튜	브	비	누
부	모	튜	브	비	누

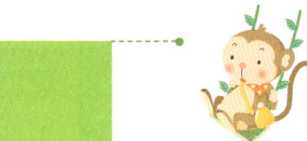

날짜 : 월 일

'바~비' 익히기

매우잘함 잘함 보통

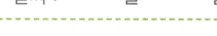

그림의 이름 빈 곳에 알맞은 낱자 스티커를 붙여 보세요.

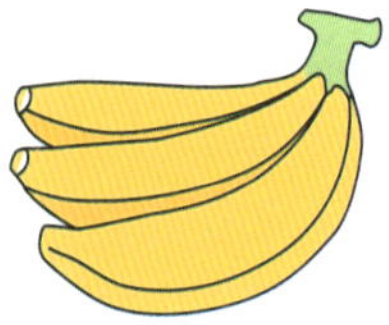

□나나

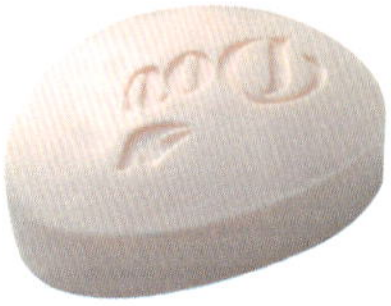

□누

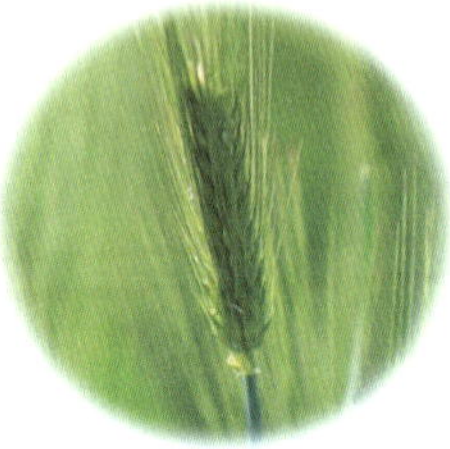

□리

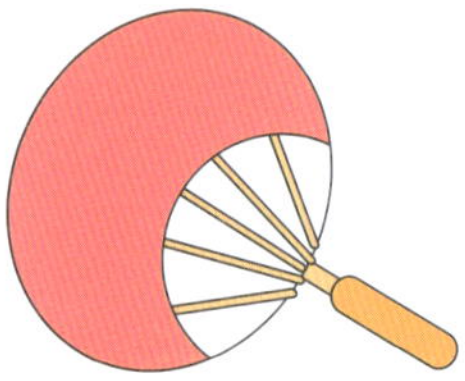

□채

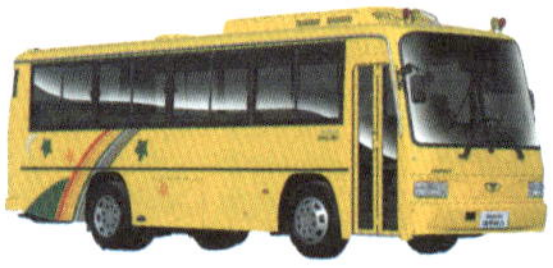

□스

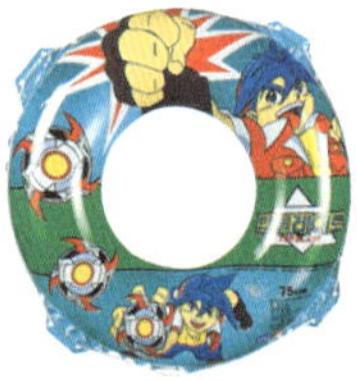

튜□

소리내어 읽으면서 바르게 써 보세요.

바	버	보	부	브	비
바	버	보	부	브	비

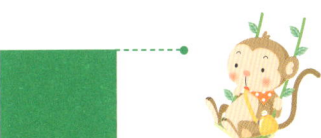

날짜 :　　월　　일

'바~비' 다지기

매우잘함 잘함 보통

그림의 이름이 맞게 쓰여진 낱말에 ◯해 보세요.

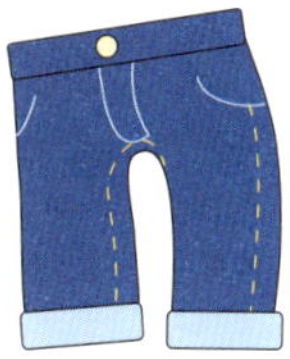

버지

바지

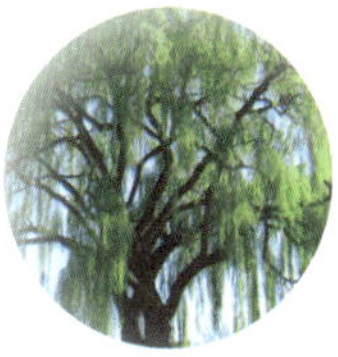

버드나무　　비드나무

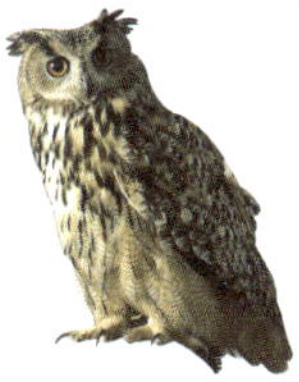

보엉이

부엉이

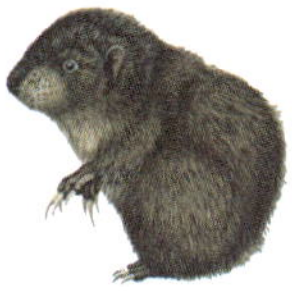

비버　　바버

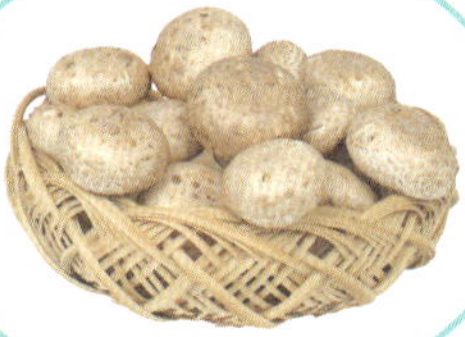

버섯

바섯

그림의 이름을 말해 보고, ◯안에 이름의 첫 글자 스티커를 붙여 보세요.

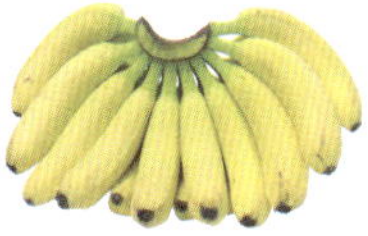

바나나

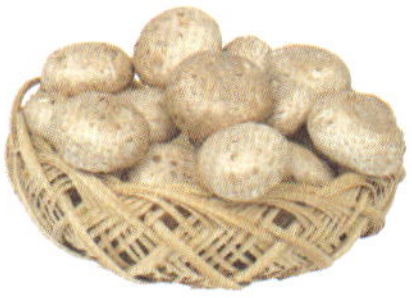

버섯

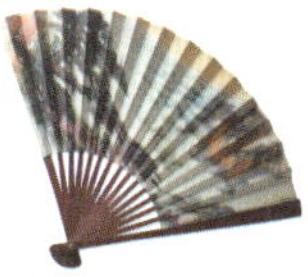

부채

날짜 :   월   일

'사~시' 익히기

🎲 소리내어 읽으면서 바르게 써 보세요.

| 사 |
| 서 |
| 소 |
| 수 |
| 스 |
| 시 |

'사~시' 익히기

🎲 '사 → 서 → 소 → 수 → 스 → 시'의 순서대로 줄을 그어 보세요.

🎲 그림을 보고, ☐안에 알맞은 글자 스티커를 붙여 보세요.

라 자 디 소 이

날짜: 월 일

'사' 낱말 익히기

🎲 그림과 함께 낱말을 읽고, 바르게 써 보세요.

사	자	사	과	의	사
사	자	사	과	의	사
사	자	사	과	의	사
사	자	사	과	의	사

'서' 낱말 익히기

그림과 함께 낱말을 읽고, 바르게 써 보세요.

서	예

서	리	태

날짜: 월   일

'소' 낱말 익히기

🎲 그림과 함께 낱말을 읽고, 바르게 써 보세요.

소	나	무
소	나	무
소	나	무
소	나	무

채	소
채	소
채	소
채	소

날짜 :   월   일

'수' 낱말 익히기

매우잘함 잘함 보통

🎲 그림과 함께 낱말을 읽고, 바르게 써 보세요.

수	레	수	도	세	수

날짜: 월 일

'스' 낱말 익히기

매우잘함 잘함 보통

🎲 그림과 함께 낱말을 읽고, 바르게 써 보세요.

스	케	이	트
스	케	이	트
스	케	이	트
스	케	이	트

스	키
스	키
스	키
스	키

날짜 :   월   일

'시' 낱말 익히기

🎲 그림과 함께 낱말을 읽고, 바르게 써 보세요.

시	소	시	계	모	시

'사~소' 낱말 다지기

날짜: 월 일

그림과 함께 낱말을 읽고, 바르게 써 보세요.

| 사 | 자 | 서 | 예 | 채 | 소 |

날짜:　월　일

'수~시' 낱말 다지기

🎲 그림과 함께 낱말을 읽고, 바르게 써 보세요.

수	영	스	키	시	소
수	영	스	키	시	소
수	영	스	키	시	소
수	영	스	키	시	소

날짜: 월 일

'사~시' 다지기

매우잘함 잘함 보통

🎲 그림자에 알맞은 스티커를 붙이고, 낱말을 읽어 보세요.

사자   소나무   옥수수   시소

🎲 소리내어 읽으면서 바르게 써 보세요.

사	서	소	수	스	시
사	서	소	수	스	시

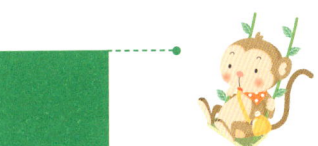

날짜 : 월 일

‘아~이’ 익히기

매우잘함 잘함 보통

소리내어 읽으면서 바르게 써 보세요.

아	아	아	아	아	아
어	어	어	어	어	어
오			오	오	오
우	우	우	우	우	우
으			으	으	으
이	이	이	이	이	이

날짜 :　　월　　일

‘아~이’ 익히기

매우잘함　잘함　보통

그림의 이름을 찾아 선으로 연결해 보세요.

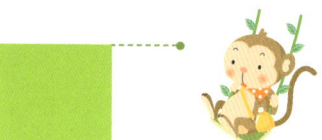

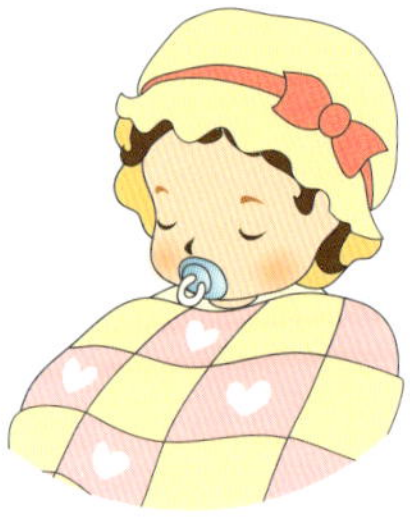

★ ★ 으뜸

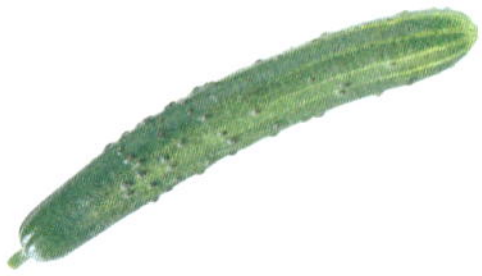

★ ★ 오이

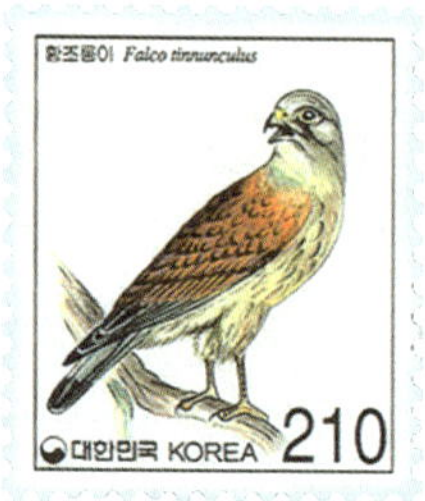

★ ★ 아기

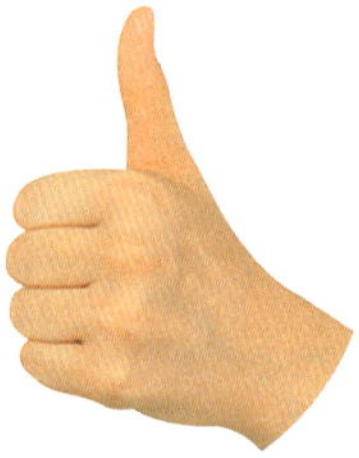

★ ★ 우표

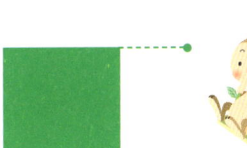

날짜 : 월 일

'아' 낱말 익히기

매우잘함 잘함 보통

🎲 그림과 함께 낱말을 읽고, 바르게 써 보세요.

3 단계 **89**

날짜 :   월   일

'어' 낱말 익히기

그림과 함께 낱말을 읽고, 바르게 써 보세요.

어	부
어	부
어	부
어	부

어	머	니
어	머	니
어	머	니
어	머	니

'오' 낱말 익히기

그림과 함께 낱말을 읽고, 바르게 써 보세요.

오	이	오	리	오	빠
오	이	오	리	오	빠
오	이	오	리	오	빠
오	이	오	리	오	빠

'우' 낱말 익히기

날짜: 월 일

🎲 그림과 함께 낱말을 읽고, 바르게 써 보세요.

우	유	우	표	여	우
우	유	우	표	여	우
우	유	우	표	여	우
우	유	우	표	여	우

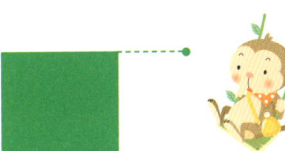

날짜: 월 일

'으' 낱말 익히기

그림과 함께 낱말을 읽고, 바르게 써 보세요.

으	뜸

으	르	렁

'이' 낱말 익히기

날짜 :   월   일

🎲 그림과 함께 낱말을 읽고, 바르게 써 보세요.

  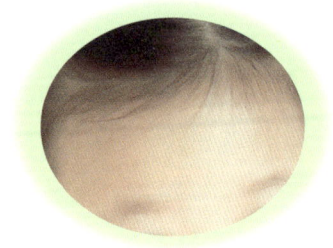

이	리	이	사	이	마
이	리	이	사	이	마
이	리	이	사	이	마
이	리	이	사	이	마

'아~이' 다지기

날짜 :   월   일

매우잘함 잘함 보통

🎲 그림의 이름이 바르게 쓰여진 곳을 따라가며 낱말을 읽어 보세요.

어기
아기
오부
어부
오리
유표
오부
이유
우유
우표
이불

🎲 소리내어 읽으면서 바르게 써 보세요.

아	어	오	우	으	이
아	어	오	우	으	이

날짜 :   월   일

'아~이' 다지기

🎲 그림의 이름 빈 곳에 알맞은 낱자를 찾아 연결해 보세요.

🎲 '오'가 이름에 들어 가는 그림에 모두 ◯ 해 보세요.

 한글은 내친구 **3단계** 스티커

17쪽

기　그　구
거　가

39쪽

디　도　다
두　드

52쪽

소라　로켓
오리　라디오
도로　리어카

63쪽

모　미　마
머　무

74쪽

비　보　바
버　브　부

75쪽

바　버　부

77쪽

| 소 | 라 | 이 |

86쪽

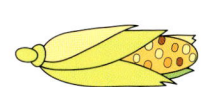

아이의 꿈을 생각하는 마음 - 블랙베베의 정신입니다.
Dream of Black BeBe

한글은 내친구 전 8권 (준비단계 / 유아·유치 / 예비 1학년)

한글은 내친구 1단계 | 한글은 내친구 2단계 | 한글은 내친구 3단계 | 한글은 내친구 4단계 | 한글은 내친구 5단계 | 한글은 내친구 6단계 | 한글은 내친구 7단계 | 한글은 내친구 8단계

수학은 내친구 전 8권 (준비단계 / 유아·유치 / 예비 1학년)

수학은 내친구 1단계 | 수학은 내친구 2단계 | 수학은 내친구 3단계 | 수학은 내친구 4단계 | 수학은 내친구 5단계 | 수학은 내친구 6단계 | 수학은 내친구 7단계 | 수학은 내친구 8단계

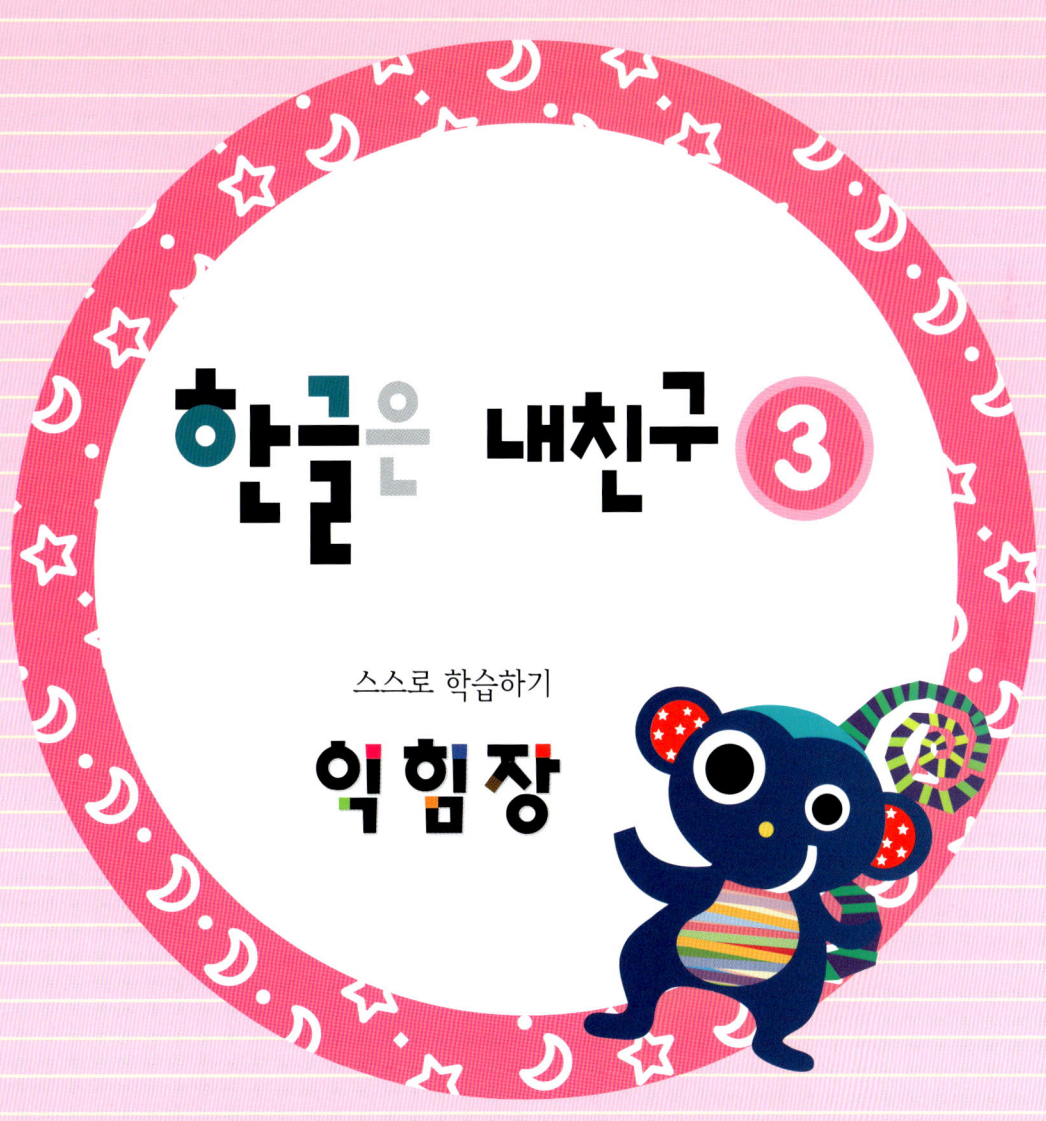

익힘장

한글은 내친구 ③

 차례

가~기 쓰기	2
나~니 쓰기	6
다~디 쓰기	10
라~리 쓰기	14
마~미 쓰기	18
바~비 쓰기	22
사~시 쓰기	26
아~이 쓰기	30

날짜:　　월　　일

'가~기' 쓰기

🎲 소리내어 읽고, 바르게 써 보세요.

가	가	가	가	가	가
거	거	거	거	거	거
고	고	고	고	고	고
구	구	구	구	구	구
그	그	그	그	그	그
기	기	기	기	기	기

2 익힘장

'가', '거' 낱말 쓰기

날짜 :   월   일

매우잘함 | 잘함 | 보통

그림과 함께 낱말을 읽고, 바르게 써 보세요.

가	지

자	전	거

3 단계 3

'고', '구' 낱말 쓰기

날짜: 월   일

🎲 그림과 함께 낱말을 읽고, 바르게 써 보세요.

고	구	마
고	구	마
고	구	마
고	구	마

야	구
야	구
야	구
야	구

'그', '기' 낱말 쓰기

🎲 그림과 함께 낱말을 읽고, 바르게 써 보세요.

그	네

기	러	기

'나~니' 쓰기

소리내어 읽고, 바르게 써 보세요.

나
너
노
누
느
니

'나', '너' 낱말 쓰기

그림과 함께 낱말을 읽고, 바르게 써 보세요.

바	나	나

너	구	리

'노', '누' 낱말 쓰기

매우잘함 | 잘함 | 보통

🎲 그림과 함께 낱말을 읽고, 바르게 써 보세요.

  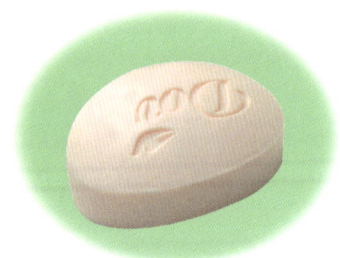

노	루	노	래	비	누
노	루	노	래	비	누
노	루	노	래	비	누
노	루	노	래	비	누

'느', '니' 낱말 쓰기

그림과 함께 낱말을 읽고, 바르게 써 보세요.

느타리

어머니

'다~디' 쓰기

날짜: 월 일

매우잘함 잘함 보통

🎲 소리내어 읽고, 바르게 써 보세요.

다

더

도

두

드

디

'다', '더' 낱말 쓰기

🎲 그림과 함께 낱말을 읽고, 바르게 써 보세요.

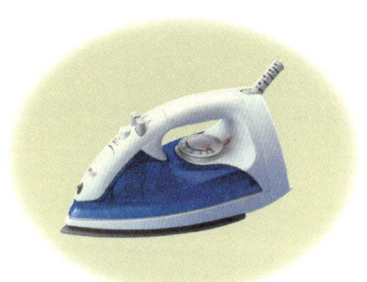

다	리	미
다	리	미
다	리	미
다	리	미

두	더	지
두	더	지
두	더	지
두	더	지

'도', '두' 낱말 쓰기

그림과 함께 낱말을 읽고, 바르게 써 보세요.

도	자	기

두	부

'드', '디' 낱말 쓰기

🎲 그림과 함께 낱말을 읽고, 바르게 써 보세요.

드	레	스

마	디

날짜 :   월   일

'라~리' 쓰기

매우잘함 | 잘함 | 보통

🎲 소리내어 읽고, 바르게 써 보세요.

라
러
로
루
르
리

'라', '러' 낱말 쓰기

🎲 그림과 함께 낱말을 읽고, 바르게 써 보세요.

라	면
라	면
라	면
라	면

기	러	기
기	러	기
기	러	기
기	러	기

'로', '루' 낱말 쓰기

그림과 함께 낱말을 읽고, 바르게 써 보세요.

가	로	수

벼	루

'르', '리' 낱말 쓰기

🎲 그림과 함께 낱말을 읽고, 바르게 써 보세요.

요	구	르	트

오	리

'마~미' 쓰기

소리내어 읽고, 바르게 써 보세요.

마	마	마	마	마	마
머	머	머	머	머	머
모	모	모	모	모	모
무	무	무	무	무	무
므	므	므	므	므	므
미	미	미	미	미	미

'마', '머' 낱말 쓰기

날짜: 월   일

🎲 그림과 함께 낱말을 읽고, 바르게 써 보세요.

마	차

머	리	띠

'모', '무' 낱말 쓰기

그림과 함께 낱말을 읽고, 바르게 써 보세요.

모	래
모	래
모	래
모	래

무	지	개
무	지	개
무	지	개
무	지	개

'므', '미' 낱말 쓰기

날짜: 월   일

매우잘함 | 잘함 | 보통

🎲 그림과 함께 낱말을 읽고, 바르게 써 보세요.

오	므	라	이	스

거	미

'바~비' 쓰기

🎲 소리내어 읽고, 바르게 써 보세요.

바
버
보
부
브
비

'바, 버' 낱말 쓰기

그림과 함께 낱말을 읽고, 바르게 써 보세요.

바	구	니

버	너

'보', '부' 낱말 쓰기

날짜: 월   일

매우잘함 | 잘함 | 보통

🎲 그림과 함께 낱말을 읽고, 바르게 써 보세요.

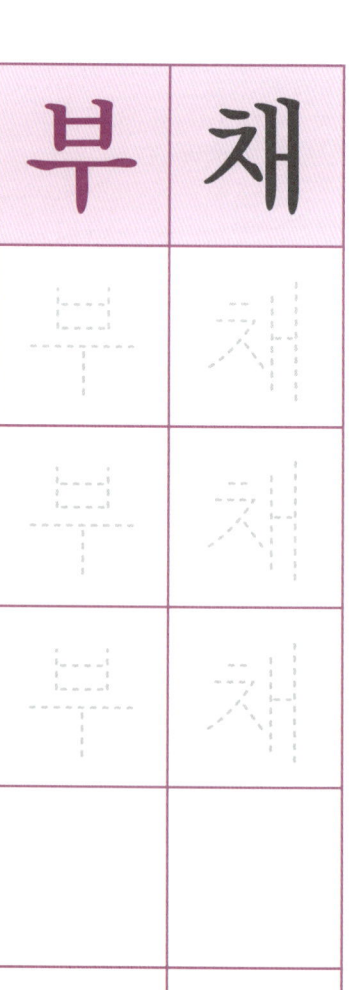

'브', '비' 낱말 쓰기

날짜: 월   일

매우잘함 | 잘함 | 보통

🎲 그림과 함께 낱말을 읽고, 바르게 써 보세요.

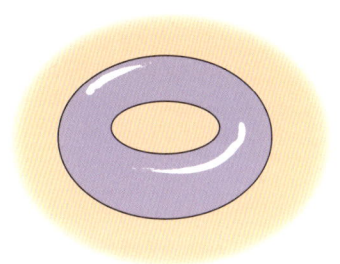

튜	브

비	행	기

날짜 : 월 일

'사~시' 쓰기

매우잘함 | 잘함 | 보통

소리내어 읽고, 바르게 써 보세요.

사	사	사	사	사	사
서	서	서	서	서	서
소	소	소	소	소	소
수	수	수	수	수	수
스	스	스	스	스	스
시	시	시	시	시	시

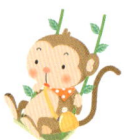

날짜: 월   일

'사, 서' 낱말 쓰기

매우잘함 | 잘함 | 보통

🎲 그림과 함께 낱말을 읽고, 바르게 써 보세요.

  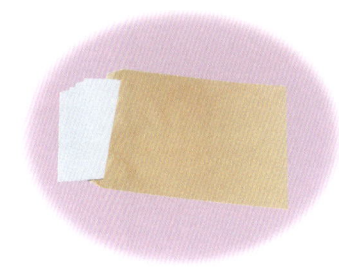

| 사 | 자 | | 서 | 점 | | 서 | 류 |

날짜: 월 일

'소', '수' 낱말 쓰기

매우잘함 | 잘함 | 보통

🎲 그림과 함께 낱말을 읽고, 바르게 써 보세요.

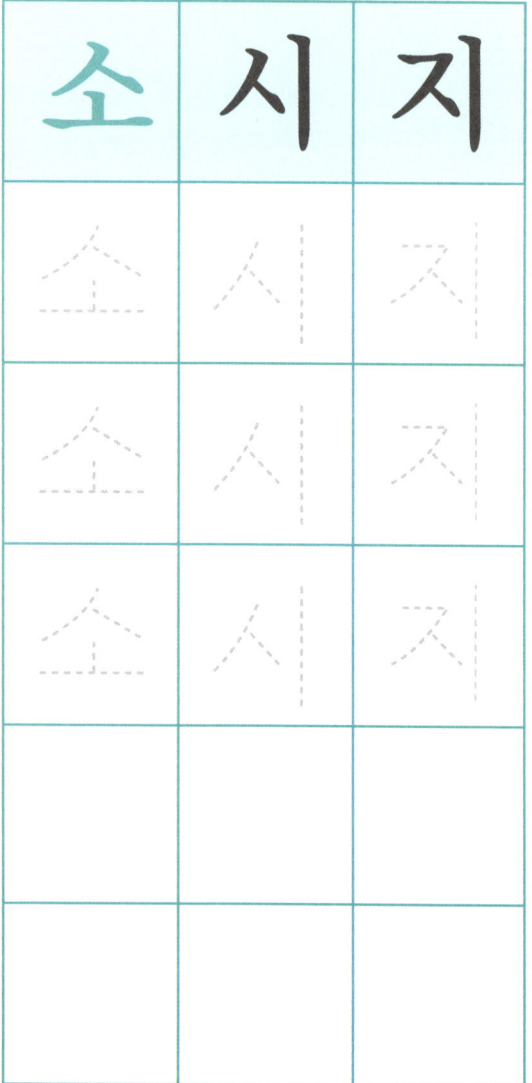

'스', '시' 낱말 쓰기

🎲 그림과 함께 낱말을 읽고, 바르게 써 보세요.

스	케	이	트
스	케	이	트
스	케	이	트
스	케	이	트

시	계
시	계
시	계
시	계

날짜 : 월 일

'아~이' 쓰기

매우잘함 | 잘함 | 보통

소리내어 읽고, 바르게 써 보세요.

아	아	아	아	아	아
어	어	어	어	어	어
오	오	오	오	오	오
우	우	우	우	우	우
으	으	으	으	으	으
이	이	이	이	이	이

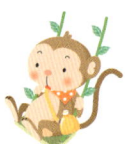

'아', '어', '오' 낱말 쓰기

날짜: 월   일

🎲 그림과 함께 낱말을 읽고, 바르게 써 보세요.

아	기
아	기
아	기
아	기

어	부
어	부
어	부
어	부

오	이
오	이
오	이
오	이

'우', '으', '이' 낱말 쓰기

🎲 그림과 함께 낱말을 읽고, 바르게 써 보세요.

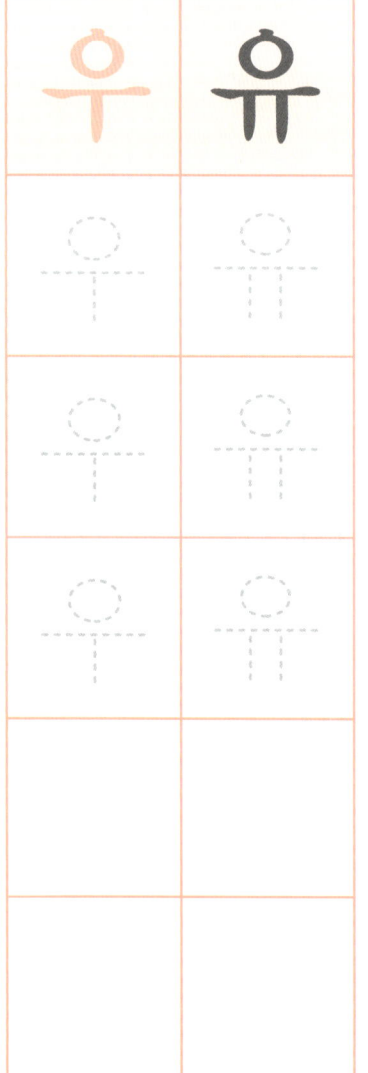
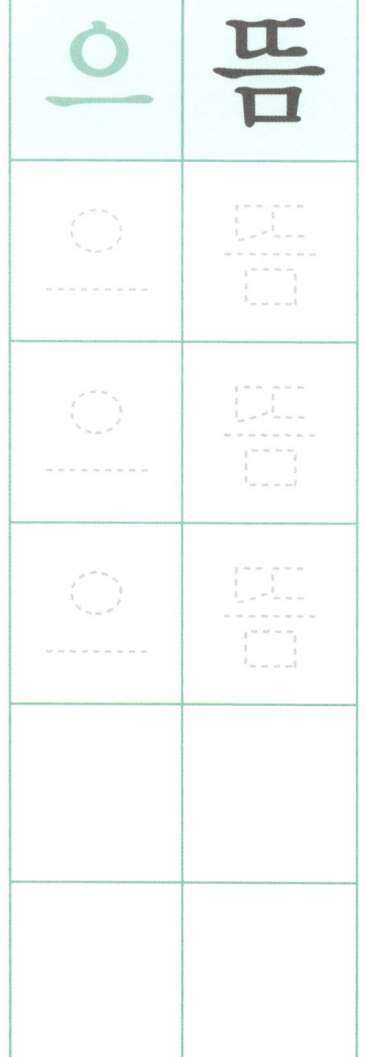

이	사
이	사
이	사
이	사

한글은 내친구 ❸단계

유아 생각의 창을 넓혀 주는 길라잡이

단계별 수준 학습 시스템

유아의 발달 수준에 맞추어 4세, 5세, 6세, 7세의 4단계 학습으로 구성하였습니다.

④ ⑤
언어·인지(A)-10권
수리·탐구(B)-10권
칠교(C)-2권
표현·창작(D)-2권
영역별 누리과정(E)-2권

⑥ ⑦
언어·인지(A)-10권
수리·탐구(B)-10권
한자(C)-2권
창의·영재(D)-2권
영역별 누리과정(E)-2권

- 누리과정의 낱말 학습과 언어 인지, 읽기, 쓰기, 말하기의 영역으로 구성
- 수리 개념의 기초인 분류, 비교, 공간 지각, 수 세기 등 수리적 인지력 학습
- 사회관계 영역을 포함한 영역별 누리과정으로 구성
- 놀이를 통한 칠교 학습, 창의력 표현 활동의 브레인, 한자로 구성

익힘장의 특징

익힘장은 〈한글은 내친구〉를 배우고 낱말과 단어를 반복해서
익힐수 있도록 엮은 '책 속의 책' 입니다.
그림과 함께 낱말을 익히는 복습을 통해 완전히 내 것이 되는 한글.
어린이 혼자서도 재미있게 학습할 수 있습니다.